Conrad K. Butler

¿Por qué la leche es blanca y el cielo azul?

¿Por qué está lloviendo?

Bueno, imagina las nubes en el cielo teniendo una pelea masiva con globos de agua. Estas nubes son amigas esponjosas llenas de pequeñas gotas de agua. Cuando estas gotas de agua se juntan y deciden unirse, forman una alianza pesada y empapada que ya no puede flotar en el aire. Es como un club de gotas de lluvia súper exclusivo, y cuando se han divertido lo suficiente en las nubes, se sumergen en el suelo en forma de lluvia. Entonces, la próxima vez que veas gotas de lluvia, ¡sé que son las nubes las que celebran la fiesta definitiva del amerizaje!

¿Porque el cielo es azul?

Bueno, es como si el sol fuera una linterna mágica de arcoíris y disparara siete colores impresionantes. Pero aquí está la parte divertida: el aire tiene un poco de color. Solo permite que el color azul súper genial se una a la fiesta y baile en el cielo. Entonces, cuando miras hacia arriba, básicamente estás viendo el cielo realizando su danza azul favorita. Es como si el aire dijera: '¡Azul, aquí eres la estrella!' Entonces, la próxima vez que veas ese cielo azul, ¡sé que es el color más genial tener la mejor fiesta de baile allí arriba!

¿Por qué aparece un arcoíris?

¡Es como tener un código secreto para encontrar un tesoro colorido en el cielo! Imagina el sol como tu linterna. Cuando las gotas de lluvia se unen a la fiesta después de un poco de lluvia, se vuelven como cristales brillantes que captan la luz del sol. Ahora, aquí está la parte interesante: para detectar la magia del arco iris, le das la espalda al sol y miras hacia donde cae la lluvia. ¡Es como jugar al escondite con los colores! El sol envía su luz a través de las gotas de lluvia, que son pequeños reflectores fantásticos que devuelven la luz en siete colores asombrosos. Entonces, cuando ves un arcoíris, es como la forma que tiene la naturaleza de guiñarte un ojo y decirte: '¡Oye, mira esta hermosa sorpresa que hice solo para ti!'.

¿Por qué se nos pone la piel de gallina?

Bueno, ¡es como tener un poder de superhéroe incorporado! Imagina tu cuerpo como un pequeño y acogedor castillo, y cuando sientas una brisa fría, es hora de que la capa invisible salve el día. Cuando el aire se vuelve un poco frío, tu cabello se vuelve como pequeños caballeros que se levantan para protegerte. Crean una barrera cálida y se apiñan para mantener a raya el frío. Es como la forma que tiene tu cuerpo de decir: '¡No temas, valiente caballero! Tengo esto.' Entonces, la próxima vez que se te ponga la piel de gallina, ¡sé que es tu capa invisible la que se está preparando para mantenerte cómodo y abrigado en tu propia pequeña fortaleza!

¿Por qué sentimos dolor?

Bueno, ¡es como tener un sistema de alarma en nuestro cuerpo! Imagina que eres un explorador valiente y que el dolor es tu fiel compañero que te advierte sobre peligros potenciales. Aunque el dolor no es exactamente un invitado a la fiesta, es un salvavidas. Cuando algo duele, es la forma que tiene tu cuerpo de decir: '¡Oye, algo no está bien aquí! ¡Prestar atención!' Es como una pequeña bandera roja ondeando para llamar tu atención. Entonces, la próxima vez que sienta dolor, considérelo como la línea directa de superhéroes de su cuerpo, que le informa que es hora de tener cuidado o llamar a un experto (como sus adultos o un médico) para que lo ayude a arreglar las cosas. Puede que el dolor no sea divertido, ¡pero es la forma que tiene tu cuerpo de ser el mejor compañero posible!

¿Por qué hacemos pipí?

¡Es como la pequeña misión de limpieza de nuestro cuerpo! Imagina tu cuerpo como una fábrica de frío que procesa todas las bebidas que disfrutas. Ahora bien, algunas bebidas aportan cosas maravillosas que tu cuerpo necesita, mientras que otras aportan cosas que no. Todos esos "extras" terminan en un tanque de almacenamiento especial llamado vejiga, que es como un contenedor escondido en la parte inferior del abdomen. Cuando este contenedor se llena, tu cuerpo te envía un pequeño mensaje que dice: '¡Oye, es hora de dejar ir las cosas que no necesitamos!' Y ahí es cuando visitas el baño. Por lo tanto, orinar es la forma que tiene tu cuerpo de mantenerse ordenado y de asegurarse de conservar solo las cosas buenas. Es como ser un superhéroe de la limpieza: ¡Capitán Limpio, a tu servicio!

¿Por qué el león es el rey de los animales?

Bueno, ¡es como la propia estrella de rock de la naturaleza! Los leones son como los duros campeones de la naturaleza porque son excelentes jugando a la mancha: ¡corren súper rápido! Imagínese a los leones como los geniales atletas de las Olimpíadas de animales, recorriendo las praderas como veloces corredores. ¡Y ay, ese rugido! No es un sonido cualquiera; es como su forma de decir: '¡Oye, yo soy el gobernante aquí!' Es un poco como el micrófono real de un león, que hace que todos se detengan y escuchen. Entonces, cuando se trata de ser duro y hacer una gran entrada, los leones son los verdaderos reyes del reino animal.

¿Por qué las gallinas tienen alas pero no vuelan?

¡Es como tener un amigo emplumado que prefiere saltar a volar! Imagine a las gallinas como los acogedores y suaves ositos de peluche del corral. Si bien pueden revolotear un poco por encima del suelo, sus alas son como suaves susurros, no como motores a reacción. Verás, sus cuerpos son como pequeños imanes de gravedad y sus alas, aunque encantadoras, son como delicados susurros en la brisa. Entonces, cuando veas un pollo, debes saber que es un amigo peludo al que le gusta mantener los pies en la tierra y explorar el corral con un salto y un salto. ¿Volador? ¡Eso es para los superhéroes emplumados en el cielo!

¿Por qué los aviones dejan rayas blancas en el cielo?

¡Es como un espectáculo de arte mágico en el cielo! Imagínese los aviones como pinceles veloces con motores calientes. A medida que pasan a toda velocidad, sus motores dejan un rastro invisible, como susurros en el aire. Ahora, ¿adivinen qué? Pequeñas gotas de agua invisibles en el cielo deciden unirse a la diversión. El calor del motor es como el hechizo de un mago, haciendo que estas gotas invisibles se unan en una danza de cintas de nubes. Es la forma que tiene el avión de decir: '¡Mira el arte del cielo que hice!' Pero, como en un juego de escondidas, después de un rato, la cinta de nubes decide hacer un solo y desaparece. Entonces, cuando ves esas rayas blancas, es el cielo el que comparte contigo la muestra de arte secreta del avión.

¿Por qué brillan las estrellas?

Bueno, piense en las estrellas como luces nocturnas cósmicas en el cielo, cada una de las cuales es una bola de fuego gigante que arroja un brillo radiante. Aunque parezcan pequeños, es porque están jugando al escondite desde muy, muy arriba. Entonces, cuando miras hacia arriba en una noche clara, estás presenciando una enorme hoguera celestial, y esas estrellas titilantes son como luciérnagas amigables en el vasto patio cósmico. Es la forma que tiene el universo de decir: '¡Oye, mira el espectáculo mágico que tengo aquí arriba!

¿Por qué la abuela y el abuelo tienen canas?

¡Es como si su cabello susurrara secretos de sabiduría! Nuestro cabello obtiene su color de una pintura especial llamada pigmento, y cuando somos pequeños, tenemos mucha cantidad, lo que hace que nuestro cabello parezca un arcoíris vibrante. Pero a medida que envejecemos, el pigmento toma un descanso y el cabello decide contar una historia diferente: una historia de experiencias y conocimientos. Entonces, cuando ves a la abuela y al abuelo con su cabello plateado, es como si se hubieran transformado en magos mágicos, contando las encantadoras historias de una vida bien vivida. ¡Sus canas son como la forma en que el universo les da una corona de sabiduría!

¿Por qué la hierba es verde?

Imagina cada pequeña brizna de hierba como un mini artista con una paleta de colores especial. El ingrediente secreto de esta obra maestra verde es algo genial llamado clorofila: ¡es como la pintura mágica de la hierba! La clorofila funciona como imanes de luz solar, atrapando los rayos del sol y convirtiéndolos en ese increíble color verde. Entonces, cuando ves un campo cubierto de hierba, es como si la naturaleza dijera: '¡Mira este fantástico jardín verde que pinté solo para ti!' El césped es como una alfombra viva de color, lo que hace que el exterior luzca súper fresco y vibrante. La naturaleza es el mejor artista, ¿no?

¿Por qué los animales tienen cola?

¡Es como la forma que tiene la naturaleza de darles un práctico juego de herramientas! Imagina a las colas como superhéroes animales, no con capas, sino con colas que pueden hacer todo tipo de trucos geniales. Las colas ayudan a los animales a mantener el equilibrio, como una cuerda floja incorporada, especialmente cuando saltan o trepan. Y aquí está la parte divertida: ¡las colas son como animales que hablan! Algunos animales los usan para decir: '¡Oye, estoy feliz!' o '¡Cuidado, estoy emocionado!' ¡Las colas son como el lenguaje especial y simpático que usan los animales para decirnos cómo se sienten!

¿Por qué necesitamos dos fosas nasales?

Bueno, ¡es como tener un fantástico equipo de olfato dentro de tu nariz! Piense en ellos como el dúo dinámico de la naturaleza: uno a la derecha y otro a la izquierda. Tener dos nos ayuda a oler todos los aromas increíbles del mundo. Una fosa nasal podría ser la que respira el superhéroe, haciendo el trabajo pesado cuando inhalamos grandes bocanadas, mientras que la otra toma un pequeño descanso. ¿Y adivina qué? ¡Cambian de roles! Es como una pelea por equipos por tu nariz. Entonces, cuando captes el delicioso aroma de tu comida favorita o el dulce aroma de las flores, haz un pequeño guiño a tu confiable equipo de doble fosa nasal.

¿Por qué la leche es blanca?

¡Es como un delicioso truco de magia por naturaleza! Dentro de la leche, hay un ingrediente especial llamado crema, algo así como el superhéroe de la leche. Esta crema está llena de pequeñas gotas de grasa invisibles. Cuando estas gotas quedan en la leche, captan la luz del sol y la hacen girar, convirtiendo la leche en un hermoso color blanco como la nieve. Entonces, cuando sirvas un vaso de leche o lo viertas sobre tu cereal, considéralo como si estuvieras bebiendo un vaso de la deliciosa sorpresa iluminada por el sol de la naturaleza.

¿De dónde vienen los agujeros en el queso?

¡Es como si el queso tuviera una fiesta burbujeante secreta! Imagine el queso como un hogar acogedor para bacterias amigables. A estos pequeños amigos les encanta comer queso y producir gasolina como regalo de agradecimiento. A medida que el queso envejece, estas burbujas de gas quedan atrapadas en su interior, creando esos divertidos agujeros. Entonces, cuando ves queso con agujeros, es como descubrir una fiesta de burbujas de queso: ¡cuantas más burbujas, mejor!

¿Por qué se llora al cortar una cebolla?

¡Es como si la cebolla nos estuviera jugando una mala pasada! Las cebollas tienen un superpoder llamado azufre. Cuando los cortamos, liberan pequeñas moléculas de gas azufre al aire. Estas traviesas moléculas llegan a nuestros ojos y se unen a las lágrimas, creando una sensación de cosquillas. Entonces, cuando estás picando cebollas, es como tener una divertida fiesta de cebollas donde las cebollas quieren hacerte reír con lágrimas. Es la forma que tiene la cebolla de decir: 'Oye, puede que te haga llorar un poco, ¡pero te prometo que agregaré mucho sabor a tu deliciosa comida!' Entonces, la próxima vez que una cebolla te haga llorar, ¡recuerda que es un pequeño comediante de cocina!

¿Por qué tenemos día y noche?

Bueno, ¡es como si nuestra Tierra tuviera su propio interruptor de luz fantástico! Verás, a nuestro planeta le encanta girar, y cuando gira hacia el Sol, es de día: tiempo para aventuras, juegos y abrazos soleados. Pero cuando nos alejamos, es de noche y la Tierra toma una siesta cósmica en un rincón oscuro. El día y la noche ocurren porque nuestro planeta no puede resistirse a girar, compartiendo el calor del Sol con todos. Entonces, es como si la Tierra dijera: 'Bailemos un poco con el Sol y luego acomodémonos para descansar bien por la noche'. ¡Es la manera que tiene la Tierra de asegurarse de que cada día sea una combinación perfecta de diversión y una buena noche de sueño!

comprobar también:

y mucho más!

www.ingramcontent.com/pod-product-compliance
Lightning Source LLC
Chambersburg PA
CBHW041838110726
48006CB00020B/2665

* 9 7 8 8 3 6 7 6 0 0 5 4 5 *